DACKELKLINIK

SKETCH MICH!
WENN DU KANNST.

Tanja Alexa Holzer

inspiriert von Dr. Christian Gärtner

wortfeger.ch

ISBN: 978-3-03923-075-4
März 2023

Die Deutsche und Schweizer Nationalbibliotheken
verzeichnen diese Publikation in der Nationalbibliografie;
detaillierte bibliografische Daten abrufbar auf:
www.dnb.de und www.nb.admin.ch

Sketchnotes

= Informationen spielerisch in Skizzen verwandelt

Zeichnen Sie Ihre eigene Dackelklinik!
In diesem Mitmachbuch ist Ihre Kreativität gefragt. Auf jeder zweiten Seite finden Sie Platz, um selbst zeichnerisch fantasievoll zu entspannen oder gemeinsam mit Ihrem Kind die Dackelgeschichte zu illustrieren.

Skizzieren Sie intuitiv, gestalten Sie Ihr eigenes Malbuch und hauchen Sie den Figuren der Dackelklinik kreativ Leben ein.

Sketchnoting ist viel mehr als ein lustiges Hobby:

- Entspannen Sie,
- beginnen Sie über Grenzen zu denken,
- nähren Sie Fantasie und Kreativität,
- und lächeln Sie!

Sketchnoting ist also wie Seelenwellness. Ich wünsche Ihnen viel Freude und: «Sketch mich, wenn du kannst!»

Tanja A. Holzer
alias Wortfeger

I) Chinchinchen

«Eine Klinik wie eine Schweizer Bank am Paradeplatz – Wuchtig. Beeindruckend!»

Chinchinchen stand vor dem langgezogenen Bau und kaute nervös an ihrer Ohrspitze. Bei Anspannung tat die Dackelin so Eigenartiges und eigentlich gab es kaum etwas, dass sie nicht nervös machte. In Chinchinchens Augen flackerte es unruhig, ihre hübschen Wimpern klimperten über ihren tiefschwarzen Kugelaugen.

Ein Blick auf ihr Bankkonto, die Extrarunden im Studium und die unzähligen durchgelesenen Nächte jaulten ihr überdeutlich zu: «Chinchinchen, du bist bereit! Los jetzt! Verdiene endlich Geld!»

«Grummel. Ssind Ssie angewachsen oder wird das heute noch was, Fräulein?», bellte ein dicklicher, älterer Dackel, der sie fast anrempelte beim Vorbeihasten. Das fing geradezu hervorragend an. Herje. Ängstlich schaute Chinchinchen dem unfreundlichen Dackel mit der eigenartigen S-Aussprache hinterher. Sie seufzte.

«Ich funktioniere wie ein Schweizer Uhrwerk», erinnerte sich Chinchinchen an die aufmunternden Worte ihres Vaters, «wie ein Uhrwerk, zuverlässig und korrekt. Dann mal los! Ticke, Kleines, ticke!»

Chinchinchen mochte diese kleinen Selbstgespräche, sie machten ihr Mut, wenigstens für ein paar Minuten. Sie streckte ihre nassgekaute Ohrspitze und tapste in die Notaufnahme der Klinik.

«Da hinten!», schnauzte es aus roten Lippen, die blitzschnell wieder im Gewusel verschwanden.

Die Notaufnahme war gedrängt voll: schreiende Welpen, zittrige Greise, bleiche Mütter und allerhand fremdes Getier.

SKETCH MICH!

«Da hinten!», bellte der nächste vorbeirauschende Weisskittel.

Nun folgte Chinchinchens Blick dem Pfotenzeig und sie entdeckte eine Tür mit dem Schild GARDEROBE. Behutsam wieselte sie sich einen Weg durch die wartende Menge, öffnete die Tür und atmete erleichtert auf. Der erste Schritt war getan.

«Ticke, Kleines, ticke!» Sie atmete durch und schaute sich im fensterlosen Raum um. Garderobenschränke reihten sich links und rechts schlauchartig aneinander, in der Mitte stand eine Doppelbank ohne Lehne. Lange Neonröhren strahlten unfreundlich auf einen grün lackierten Betonboden.

Die Garderobenschränke waren sauber beschriftet, also brauchte sie nur die Schildchen zu lesen. CHINKINDCHEN las sie. Moment, war etwa sie damit gemeint? Sie war doch kein Kindchen?!

Die Tür flog auf, schepperte gegen den Stopper und die roten Lippen bellten: «Brauchen Sie eine Extra-Einladung, Chinkindchen? Die Notaufnahme explodiert fast, wir brauchen Sie, jetzt!»

Die Tür knallte ins Schloss.

Chinchinchens Wangen färbten sich feuerrot vor Scham. Instinktiv wusste sie, dass dies kaum der richtige Augenblick für eine Berichtigung ihres Namens war. Sie öffnete den Garderobenschrank und zog schnell den zartrosa Kittel über. Das Namensschild bestätigte: CHINKINDCHEN.

«Na, das kann ja heiter werden», seufzte Chinchinchen und ihre herrlichen Augen verengten sich zu ängstlichen Balken. Sie presste ihre Beisserchen zusammen, atmete tief ein und trat hinaus ins Gewusel der Notaufnahme.

«Fräulein, Fräulein, helfen Sie mir!», wurde sie unmittelbar angesprochen, kaum hatte sich die Garderobentür hinter ihr geschlossen. Sehen konnte sie jedoch niemanden.

«Hier, Fräulein, ich bin da unten!», rief es erneut.

Sketch mich!

Chinchinchen sah zu Boden und entdeckte eine rote Krabbe, die unaufhörlich von einer Seite auf die andere tänzelte, also müsste sie dringend aufs Klo.

«Oh, guten Tag», begrüsste Chinchinchen sie schüchtern, «wie kann ich Ihnen helfen?»

«Meine linke Zange ist ausgerenkt, sehen Sie? Das tut höllisch weh.»

Chinchinchen kniete nieder und betrachtete den Schaden. Die äussere Zangenschaufel war eigenartig verdreht. Das tat schon beim Hinschauen weh.

«Wie ist das denn passiert?», staunte sie.

«Na, der olle Krösikross hat sich zu nahe an meine schöne Kibali gewagt! Wir sind seit unseren Teenagerjahren ein Paar, müssen Sie wissen. Kibali und ich, natürlich. Nicht mit dem Krösikross. Hahaaa! Klar. Eine Bessere als Kibali gibt es nicht, müssen Sie wissen, und so musste ich den Macho ordentlich zurechtweisen. Dem habe ich etwas geklappert, jawohl! Und dann habe ich ihn heftig gekniffen! Sehr heftig, das dürfen Sie mir glauben. Das sollte ihm eine Lehre sein. Meine Kibali! Sie sollten … Auaaaa!»

Die Augen der Krabbe weiteten sich vor Schmerz und leuchteten gleich darauf erleichtert.

«Der Schmerz ist weg!», rief der offensichtlich eifersüchtige Krabbenherr erstaunt.

«Natürlich, Überraschung lässt keine Zeit für Schmerz. So habe ich den Moment Ihres eifrigen Erzählens genutzt und Ihre Zange wieder eingerenkt», lächelte Chinchinchen, «das tut ein bisschen weh, aber …»

«Chinkindchen, was tun Sie denn da?!», dröhnte es plötzlich neben den beiden.

In einem Nu hüpfte Chinchinchen auf ihre vier Pfoten und schon schwebten die feuerroten Lippen wie ein Stoppschild vor ihr. «Behandeln wir unsere Patienten jetzt schon im Korridor? Ich glaube, ich hör's pfeiffen! Und haben Sie den Herrn

Sketch mich!

zuerst an die Aufnahme verwiesen? Als Erstes müssen dort die feinen Damen mit ihren Schickimicki-Fingernägeln den Papierkram erledigen, bevor Sie sich überhaupt rühren dürfen. Wissen Sie eigentlich, wen Sie da behandelt haben? Sind Sie denn noch zu retten, Sie Anfängerin?»

Die rundliche Dackelschwester bebte vor Wut und zwischen ihren roten Lippen explodierten die Worte wie Dynamitkugeln.

Chinchinchen zog ihr hübsches Köpfchen ein und liess ihre Ohren hängen. Ihre Wangen begannen zu brennen. «Bloss nicht weinen», dachte sie und spürte, wie ihre Augen bereits wässrig wurden. Ihre Beisserchen knirschten, so fest presste sie die Kiefern zusammen. Ihre Ohrspitze wanderte reflexartig in ihre Schnauze.

«Nein, tut mir leid, daran habe ich nicht gedacht, Frau ...», presste sie beschämt heraus.

«Biggi, Oberschwester Biggi, bin ich. Und Ihren Namen werde ich so schnell nicht vergessen, Anfängerin Chinkindchen. Nun machen Sie, dass Sie mit Ihrem Patienten endlich zur Aufnahme finden. Es gibt noch andere hier, die Hilfe brauchen. Und wehe, Sie lassen den Patienten aus den Augen ...»

«Aber ...»

«WAS ABER?», knurrte die Oberschwester gefährlich.

«Der Krabbenherr ist gar nicht mehr da ...»

Tatsächlich. Während des ganzen Gebells und Gezeters der Oberschwester hatte sich die Krabbe leise davongemacht. Obwohl sich Chinchinchen sofort auf den Boden legte, um sie zwischen all dem Geläuf vielleicht doch noch zu erspähen, blieb die Krabbe verschwunden.

«Na toll, das werden Sie selbst dem Oberarzt Doktor Doktor Oberprofessor Woorscht erklären, Kindchen, äääh, Chinkindchen. Wer zahlt denn nun die Behandlung? Sie??» Oberschwester Biggi kniff drohend die Augen zusammen. «Siiiie! Sie werden das bezahlen», doppelte sie nach. Dann drehte sie

Sketch mich!

sich mit all ihrer Fellmasse schwungvoll um und stapfte davon.

Chinchinchen schluckte schwer. Na toll. Somit dürfte wohl ihr erstes Wochengehalt bereits verplant sein. Ihre Karriere fing ja vielversprechend an. Ihr Mut sank ins Bodenlose und ihre Ohrspitze wanderte erneut in ihre Schnauze. Unglücklich kaute sie.

«Hallo, hallo? Können Sie mir helfen?», riss sie eine alte Dackellady mit bizarrem Kopfschmuck aus den trüben Gedanken.

«Ich versuche es», lächelte Chinchinchen tapfer und murmelte zu sich selbst: «Bloss keine Fehler mehr machen, Assistentin Chinchinchen. Ticke, Kleines, ticke.» Dann lauter zur Dackellady: «Wissen Sie zufällig, wo die Aufnahme ist?»

Sketch mich!

II) Freedel

«Samstag, was für ein bescheuerter Tag, um einen neuen Job anzufangen», brummelte Freedel in seine Schnauzhaare, die noch ganz zerzaust seine empfindliche Dackelnase umzitterten. Den Geruch von Kliniken, mit all dem Desinfektionsmittel und medizinischen Zeugs, hatte er schon immer gemocht. Und eigentlich hatte er sich seit Jahren auf diesen Tag gefreut. Diese langanhaltende Vorfreude hatte ihn jedoch nicht davor bewahrt, heute – ausgerechnet heute! – zu verschlafen. Zwei Stunden! In seinen Augen schimmerte noch der Schlaf und seine Augenlider lahmten.

«Na, Samstag ...», brummelte Freedel wieder und träumte noch ein bisschen von seinem warmen Federbett. «Dann mal los, liebe Patienten, hier kommt der zukünftige Doktor Doktor Professor Freedel der Grosse! Nehmt euch in Acht, jeden Herzinfarkt und alle Geschwüre werden vor mir ehrfürchtig erzittern. Ich bin der Ritter der Notaufnahme!»

Freedel stampfte mit seinen Pfoten selbstbewusst auf und merkte nicht, dass er links hinten immer noch seine Bettsocke trug. Naja, kann passieren. Der junge Dackelkerl hatte schliesslich Wichtigeres im Kopf. Endlich durfte er seine Arbeit als Assistenzarzt beginnen! Heute war der grosse Tag. Heute war SEIN Tag. Jahre hatte die Welt auf ihn warten müssen. Zumindest diese Klinikwelt, oder? Sie wird begeistert sein. Jetzt war er da, und ...

Plomp! Stiess er mit einer wabernden, weichen Fellmasse zusammen.

«Wer sind Sie? Haben Sie keine Leuchter im Schädel?», kreischte die Wabermasse.

Die Hochtöner dieses Kreischgebells turnten in Freedels müdem Kopf wie ein wendiger Chinese beim Saltoschlagen. Die Töne kurvten durch seine Ohren, drehten eine Runde in

SKETCH MICH!

seinem Hirn, rasten den Nacken hinab in seinen langgezogenen Körper und – zääächk! – nun war Freedel wirklich wach. Er schaute die rundliche Dackelin vor sich erschrocken an.

«Hmmmmm?», fragte er nach und seine linke Augenbraue zog sich entschuldigend in die Höhe.

«Wer Sie sind, habe ich gefragt», bellte die Dackeldame etwas versöhnlicher. Dabei presste sie ihre leuchtend roten Lippen mürrisch aufeinander.

Freedel realisierte, dass dies nun der richtige Moment war, um seinen Charme auszuspielen. Er murmelte mit einem milden Augenaufschlag eine Entschuldigung und stellte sich vor. Über seinen Namen kam er nicht hinaus, als ihm sein Lächeln auf den Lippen gefror. Vor ihm kreischte es wie von einer Baumsäge.

«Doktor Freedel! Was soll diese alberne Socke an Ihrer Pfote?! Ist so etwas Mode bei euch Jungen, oder was? Keinen Anstand und keine Ernsthaftigkeit. Ich sag's ja immer. Frechheit. Wie können Sie es wagen, Ihren Job so spät zu beginnen?»

Freedel blickte erschrocken hinab und prüfte seine Tatzen. Beschämt zog er an der Socke und brummelte: «Es sind doch nur zwei Stunden …»

«Zwei Stunden? Na! Was piept?! Haben Sie in Ihrem Leben nie gelernt, was Eins und Eins gibt?»

«Doch …»

«Nein, haben Sie wohl nicht! Sie sind nicht zwei läppische Stunden zu spät, sondern einen ganzen Tag und zwei Stunden. Rechnen Sie mit? Schaffen Sie das vielleicht? Das macht nämlich genau 26 Stunden aus. Na, bin ich denn hier im Irrenhaus, oder was? Auf Ihre Erklärung bin ich mal gespannt. Na?! Lassen Sie was hören. Oder nehmen Sie sich dafür auch einen Tag Zeit?! Sie scheinen es ja zu brauchen. Urlaub vor den Ferien, damit Sie bald wieder in Urlaub können … schliesslich sind bald Ferien, oder, Herr Assistent?!»

«Wie? Ich … ähm …»

Sketch mich!

«Dachte ich es mir doch», die roten Lippen verklemmten sich erneut zu einer zitternden, gefährlichen Schlange. «Doktor Doktor Oberprofessor ist schon ganz ausser sich. Spielen Sie vor ihm bloss nicht den Unschuldsdackel, denn die hat er voll auf dem Pinkelbein!»

«Auf dem ... was?»

«Pinkelbein, na, Sie wissen schon. Sie werden angepinkelt. Verbal, natürlich. Dann werden Sie in dieser Klinik nie mehr froh, das sag ich Ihnen. Ich warne Sie.»

«Danke ...», stotterte nun Freedel und beide Augenbrauen verzogen sich erneut zum Dackelblick.

«Da ist er schon», raunzte die Dackeldame und hastete mit wehendem Kittel davon.

«Grummel. Freedel?»

Vor dem jungen Dackel thronte ein alter, wuchtiger mit weissen Schnauzhaaren. Freedel wischte sich verstohlen übers Gesicht. Mit der lispelnden Anrede war die Spucke des Alten wie Sprühregen mitgeflogen.

«Jaaa?», reagierte Freedel.

«An die Arbeit! Im Raum 3 wartet eine alte Dame, die pumpt ssich gerade das Blut aus ihrem knöchrigen Leib. Assistenzarzt Mischelin ist gerade bei ihr. Zeigen Ssie, was Ssie können. Aber charmant, klar?!»

Der Stirnreflektor auf dem Kopf des Dackelalten zitterte gefährlich und wanderte leicht seitwärts. Mit einer wirschen Pfotenbewegung stupste er ihn wieder in die Mitte und blickte den jungen Dackelassistenten herausfordernd an.

«Sehr wohl, Herr Doktor ...»

«Grummel. Wenn Ssie es noch einmal wagen, derart abwesend zu ssein wie gestern, ssind Ssie für immer und ewig Doktor gewesen. Merken Ssie ssich das, Freedel.»

Der alte Weisskittel drehte sich um, schob den Stirnreflektor zurecht und stürmte davon.

Freedel war keine Zeit geblieben für die Frage, wo denn

Sketch mich!

Raum 3 überhaupt sei. Er schlich mit eingezogenem Schwanz davon und öffnete die erste Tür. Prompt landete er auf der Toilette.

«Tieeeef durchatmen», brummte Freedel, um sich selbst zu beruhigen, «du weisst … ähhmmm … nein, ich weiss gar nichts! Nichts. Niente. Und überhaupt, wer trägt denn heute noch einen solch bescheuerten Stirnspiegel? Der Alte stammt wohl aus dem letzten Jahrtausend. Und diese Aussprache … ist ja eklig.»

Neben der Verwirrung stieg nun Panik im jungen Assistenzarzt auf. Nach so vielen Studienjahren hatte er das Gefühl, ein völliger Anfänger, ja, geradezu ein Nichts zu sein. Noch vor einer Viertelstunde hatte er vor Selbstbewusstsein die Schnauze nicht genug hochstrecken können. Und jetzt?

Jetzt hörte er ein Schluchzen in einer Kabine. Ein weibliches noch dazu. War er etwa auf der Damentoilette gelandet?

«Was soll's», dachte er, denn sein Gentleman-Herz hatte noch immer gesiegt. Einer weinenden Dame eilt man zu Hilfe, Ehrensache!

Freedel klopfte an die Tür, hinter der er die Unglückliche vermutete.

«Hey, kann ich helfen?», flüsterte er.

Nur ein Schniefen war zu hören.

«Hallo?», versuchte er es etwas lauter.

Die Türe wurde entriegelt und eine kleine, süsse Dackelschnauze erschien.

«Tut mir leid, war ich so laut? Ich …», Chinchinchen verstummte und kaute an ihrer Ohrspitze. Eine Träne rollte ihr bis in die Schnauze.

«Hallo, … nein, nein, alles gut … Naja, bei dir wohl nicht. Kann ich dir vielleicht helfen?»

«Ja, beame mich weg, Scotty», Chinchinchen verzog ihr Gesicht im Versuch, den Fremden anzulächeln.

«Heja, als wir das Beamen im Studium lernten, habe ich

Sketch mich!

leider einmal mehr verschlafen, sorry», Freedel zwinkerte. «Warum willst du denn weg? Was ist los?»

«Ich habe es bereits am ersten Tag geschafft, dass mich Oberschwester Biggi auf dem Kicker hat.»

«Hmmmm, lass mich raten. Hat die Biggi vielleicht auffällig überschminkte rote Lippen und eine Stimme wie eine Kreissäge? Dazu sieht sie aus, als könnte sie dich bereits zum Frühstück komplett auffuttern?»

«Das ist Oberschwester Biggi, genau», lächelte nun Chinchinchen. Sie wischte sich die dicken Tränen aus dem Pelz und erzählte Freedel von ihrem Krabben-Missgeschick und der grossen Rechnung, die deswegen wohl bald bei ihr eintreffen würde.

Die zwei hockten sich auf den Fliesenboden und auch er erzählte von seinem missglückten Tag. Bald lachten die beiden Unglücksdackel. So heftig daneben wird es wohl für sie nicht weiterlaufen, oder?

SKETCH MICH!

III) Schweizer Kräuterzucker

«Doktor Chinkindchen, wenn ich Sie jemals erwische, wie Sie eine Schwester anstiften, Ihre Arbeit zu erledigen, werden Sie Ihr Ohr ganz abbeissen. Das verspreche ich Ihnen», drohte Oberschwester Biggi.

Chinchinchen befreite beschämt ihr Ohr aus ihrer Schnauze und schaute zu Boden. Tatsächlich hatte sie nach dem Vorfall mit der Krabbe panische Angst davor, erneut einen Fehler zu machen. Deshalb hatte sie heikle Aufgaben jeweils zwei Schwestern zugeschoben, die ihr besonders kompetent erschienen. In den Vorlesungen hatte die Theorie stets so klar und einfach geklungen. Einen echten Patienten aus Fleisch, Fell und Blut zu stechen, zu versorgen oder gar aufzuschneiden, war etwas ganz anderes, oder? Ein bisschen Respekt vor dem Leben hatte doch noch keinem Hund geschadet …

Und jetzt hatte ausgerechnet die Biggi davon gewittert. Die war aber auch eine harte Hündin. Chinchinchen hatte in diesen ersten Tagen noch kein einziges freundliches Wort aus ihrer Schnauze vernommen.

«Doktor Freedel und Doktor Chinkindchen in die 5, bitte», klang es aus dem Lautsprecher.

Freedel war bereits da, als Chinchinchen den Raum 5 betrat. Oje, und Doktor Doktor Oberprofessor Woorscht ebenfalls. Die Knopfaugen des Oberprofessors funkelten schon wieder angriffslustig.

«Ticke, Kleines, ticke», murmelte sich Chinchinchen selbst Mut zu.

«Sschön, dass Ssie uns auch noch beehren, Doktor Chinkindchen. Gibt es an Ihrem Ohr überhaupt noch etwas zu kauen? Nehmen Ssie es gefälligst aus der Sschnauze, wenn Ssie vor Patienten sstehen.»

Der Oberprofessor wischte sich Speichelbläschen vom Kinn.

Sketch mich!

«Grummel. Doktor Freedel», wandte sich der Oberprofessor erwartungsvoll an seinen zweiten neuen Assistenten, «was haben wir da?»

Alle drei blickten auf die Behandlungsliege, auf der ein zerknitterter, runzliger, alter Dackel hockte. Der Patient hüstelte vor sich hin und nestelte in seinen Jackettaschen.

«Wo sind sie nur, wo sind sie nur ... ich habe doch noch ...», nuschelte der Patient unruhig.

«Das ist Herr Ruchardi. Er klagt über Dauerhusten und seit zwei Tagen fällt ihm das Atmen besonders schwer», erklärte Freedel dem Oberprofessor.

«Grummel. Sso, sssoooo», nickte der. «Und weiter?»

«Wie weiter?»

«Ja, das frage ich doch Ssie! Doktor Freedel, denken Ssie mit oder brauchen Ssie eine Extra-Einladung?» Der Spiegelreflektor auf seinem Kopf wankte gefährlich. Ein untrügliches Zeichen dafür, dass der Oberprofessor Woorscht deutlich gereizt war.

«Ähm, ja ...», stotterte Freedel.

«Frag ihn, ob er raucht ...», flüsterte ihm Chinchinchen zu.

Freedel nickte.

«Rauchen Sie, Herr Ruchardi?»

«Ja, wo sind sie denn? Haben Sie mir etwa meine Zigaretten gestohlen? Ich hatte doch gerade noch welche ...»

«Guter Mann, hier wird nicht geraucht. Ssie ssind in einem Krankenhaus», griff Oberprofessor Woorscht lispelnd, aber gebieterisch ein.

Herr Ruchardi hustete rau.

Woorscht wandte sich an Freedel. «Und? Wie weiter?», fragte er, begleitet von unzähligen fliegenden Speicheltröpfchen.

«Röntgen?»

«Was?»

«Ähm ...»

«Himmel nochmals, hören Ssie mit diesem bescheuerten

SKETCH MICH!

ÄHM auf!»

Der Spiegelreflektor des Oberprofessors wanderte nach links. Freedels und Chinchinchens Blicke folgten ihm. Mit einer wirschen Pfotenbewegung schob der Oberprofessor ihn zurecht, sodass der Reflektor wieder wie eine Antenne gerade auf seinem Kopf thronte.

«Was glauben Ssie denn, WAS wir röntgen ssollen», blaffte er Freedel an, «vielleicht sseine Zähne? Oder sseinen Sschwanz?»

«Seine Lungen?», versuchte es Freedel.

«Was denn sonst, Doktor Freedel, Ssie können ja denken!» Woorscht musste erneut seinen Spiegelreflektor richten und seine Schnauze trocknen. «Grummel. Doktor Chinkindchen, dann mal los, begleiten Ssie Herrn Ruchardi zum Röntgen. Beeilen Sie sich und verlaufen Ssie sich nicht. Wir haben noch mehr Patienten.»

Chinchinchen kam der Aufforderung hastig nach. Eiligst schob sie die Behandlungsliege in den Korridor. Ein kräftiger Hustenanfall schüttelte den Patienten derart durch, dass Chinchinchen die Liege kaum zu steuern vermochte.

«Frau Doktor, haben Sie vielleicht eine Zigarette für mich?», fragte Herr Ruchardi leise.

«Leider nein, tut mir leid. Aber ein Hustenbonbon kann ich Ihnen anbieten. Die habe ich von meiner Cousine aus der Schweiz bekommen und die enthalten Alpenkräuter, wissen Sie.»

«Alpenkräuter? Na ja, ist wohl besser als nichts», meinte Herr Ruchardi. Einen Augenblick später lutschte er begeistert den Schweizer Kräuterzucker und seine Augen begannen zu glänzen, als sähe er die blühenden Almwiesen wahrhaftig vor sich. Dann hustete er so heftig, dass sein ausgemergelter Körper bebte wie ein Knochengerüst im Berggewitter. Er konnte gar nicht mehr aufhören zu husten. Der Lärm hallte wie Donner durch die Korridore und dröhnte in Chinchinchens Ohren. Plötzlich flog ein brauner Schleimklumpen aus Ruchardis

SKETCH MICH!

Schnauze und knallte gegen die Wand. Dort zog er eklige Fäden, während er langsam zu Boden rutschte.

Chinchinchen starrte das zähe Häufchen schockiert an.

«Das ich so was noch erleben darf, Frau Doktor, ich kann ja plötzlich wieder atmen!», rief da Herr Ruchardi begeistert und sprang von der Liege. «Sehen Sie!»

Der Patient streckte sich und zog zwischen seinen Beisserchen deutlich hörbar Luft ein, hielt sie einen Augenblick und atmete dann genauso kräftig wieder aus.

Chinchinchen hatte ihre Stimme noch nicht wiedergefunden.

«Hätten Sie vielleicht nochmals so ein Hustenbonbon für mich, gnädige Frau Doktor? Die Schweizer können Bonbons zaubern, das ist ja geradezu magisch. Wunderheilerbonbons!»

«Sie können die ganze Packung haben ...» Chinchinchen hielt sie ihm hin.

Herr Ruchardi streckte sich nochmals, griff dankbar nach den Bonbons, atmete tief ein und grüsste mit einem freundlichen «Wuff und danke!».

Dann war er weg.

Chinchinchen stand mit der leeren Behandlungsliege mitten im Korridor. Nun hatte sie zum zweiten Mal einen Patienten verloren. Das durfte doch nicht wahr sein! Wenn das die Biggi erfährt ...

«Doktor Chinkindchen, haben Sie nichts zu tun?», bellte es zwischen roten Lippen hervor.

Zu spät. Das nächste Donnerwetter rollte heran.

Sketch mich!

IV) Machmut

Wovor Chinchinchen gestern noch Angst gehabt hatte, war am vierten Tag bereits Routine geworden. Sehr erstaunlich, wie sie jetzt funktionierte und tickte – wie ein Schweizer Uhrwerk: Infusionen, Katheter, Drainage da, Desinfektion, Pflaster und Verbände dort. Alles keine Gründe mehr für Herzflimmern. Nur die Angst, etwas Falsches zu sagen, presste immer noch wuchtig ihre Kiefer zusammen.

«Hör auf, an deinem Ohr zu kauen», mahnte Freedel sie dauernd. «Das sieht für eine angehende Oberärztin echt blöd aus, weisst du?» Er zwinkerte ihr zu.

«Lieber Kerl», dachte Chinchinchen und liess heute zum Hundertsten Mal ab von ihrem Ohr.

An drei Dinge hatte sie sich in ihrem Klinikalltag noch nicht gewöhnen können. Erstens: Oberschwester Biggi. Die hatte auch immer etwas zu meckern! Und ihre Augen hatte sie scheinbar auch überall. Wie eine dicke Zecke hängte sie an den neuen Assistenten und lauerte nur auf Fehler. Zweitens: Mitansehen zu müssen, wenn es einem Patienten statt besser immer schlechter ging. Drittens: Ihr zweiter Wochenlohn war bereits gestrichen worden. Die Biggi hatte sich durchgesetzt, sodass Chinchinchen vor der Personalleiterin andackeln und eine Predigt bezüglich Klinikabläufe und Patientenumgang anhören musste. Wie erniedrigend. So hatte sie sich auch nicht getraut, um die Richtigstellung ihres Namens zu bitten. Wer angeschnauzt wird, stellt keine Forderung mehr – auch nicht, wenn sie berechtigt wäre.

«Oh, oh, da ist die Biggi ...», raunzte ihr Freedel zu.

Die Oberschwester wackelte energisch heran und positionierte sich imposant direkt vor ihnen.

«Notfall, los raus mit Ihnen, auf den Vorplatz.»

«Raus?», staunte Freedel und erntete von der Oberschwes-

Sketch mich!

ter dafür einen derart vernichtenden Blick, dass er roboterhaft in Richtung Ausgangstür wackelte. Chinchinchen folgte ihm wortlos.

«Oooooh!», staunte die Assistentin, kaum waren sie ins Freie getreten.

«Ähm, was ist das denn?» Freedel war genauso erstaunt.

«Einen tieftraurigen, hässlichen Morgen, meine Herrschaften und Götter in Weiss», grüsste das Riesentier. «Ich bin Machmut, das Mammut. Wie unschwer zu erkennen ist. Bitte helft mir! Schnell!»

Freedel fand zuerst wieder Worte: «Ähm, was ist das Problem?»

«Mein Stosszahn schmerzt so sehr! Heeeuul! Das ist zum Wolle tanzen und mondschreien!»

«Wie bitte?!»

«Na, der Schmerz ist unerträglich und bringt mich ganz durcheinander. Ich, Machmut, bin der grosse Motivationstrainer. Ich helfe Menschen, positiv und stark im Alltag zu stehen wie Föhren im Sturm oder Bambus im Orkan. Und nun habe ich sooo Schmerzen, dass ich mir wünschte, die Welt würde untergehen. Einfach Licht aus und tschüss … Ach! Ich kann nur noch negativ denken und spreche auch so. Das geht nicht, verstehen Sie? Ein trübseliger Motivationstrainer mit Winterschlafgedanken – damit stehe ich doch voll im Abseits, auf der Abschussliste, am Rand meines eigenen Grabes, im Sumpf umzingelt von …»

«Ist ja gut, mein Herr Machmut» Chinchinchen tätschelte ihm den behaarten Knöchel, denn viel weiter hoch reichte ihre Pfote nicht. «Dann zeigen Sie doch mal Ihren Zahn.»

Motivationstrainer Machmut senkte mit einem lauten Stöhnen seinen Kopf, bis der Stosszahn mit einem Plop sanft den Boden berührte. Das Mammut ächzte.

Da war es: ein riesiges, schwarzes Loch! Die hübsche Nasenspitze von Chinchinchen verschwand fast vollständig darin.

Sketch mich!

Die Ursache der fürchterlichen Schmerzen war also gefunden. Was aber nun?

«Ich habe eine Idee!», rief Freedel und wieselte davon.

Chinchinchen bestellte unterdessen bei einer neugierigen Schwester einen ganzen Wagen Betäubungsmittel. Der dicke Mammutpelz verunmöglichte einen normalen Infusionszugang. So entschloss die clevere Assistentin, die Flüssigkeitsbeutel einfach aufzuschneiden und in den riesigen Schlund direkt ins Mammut zu leeren. Herr Machmut schluckte mehrmals beängstigend laut, stöhnte noch lauter und dann kippten seine Augen nach oben.

In diesem Moment flitzte Freedel heran. In seinem Schatten erkannte Chinchinchen den Oberhausmeister Teddy. Nein, das war kein Dackel, viel eher ein hübscher, kleiner Mischling aus Pinscher und Chihuahua mit braun schimmerndem Wuschelfell.

«Karamello – das wäre Ihr Name!»

«Wie bitte?», fragte Hausmeister Teddy irritiert.

Hatte Chinchinchen etwa laut gedacht? Ihr stieg Schamröte ins hübsche Gesicht. Dieser Teddy erinnerte sie derart an ein Karamell-Bonbon, sodass ihr dieser Name einfach herausgerutscht war. Schnell wandte sie sich ab und begann zu erklären: «Herr Teddy, das ist Herr Machmut und er hat ein grosses Loch im Zahn und schreckliche Schmerzen.»

«Lassen Sie mich mal sehen», bat Teddy und schob die Assistentin sanft beiseite. Vorsichtig schaute er ins Loch im Stosszahn, befühlte mit seiner Pfote die Wände, drehte sich um und verschwand. «Bin gleich wieder da …», rief er über seinen Rücken zurück.

Freedel und Chinchinchen sahen sich ratlos an. Wenigstens war dem Motivationstrainer vor lauter Betäubungsmittel die Lust vergangen, Unmut und Negativität zu verströmen. Nur ein leises Stöhnen war ab und zu noch von ihm zu hören.

Keine drei Minuten später stand Hausmeister Teddy

SKETCH MICH!

wieder da, bewaffnet mit einer Bohrmaschine, einem Eimer und einem Spachtel.

«Treten Sie etwas zurück, Doktorschaften», bat er und beugte sich mit dem Bohrer über den Stosszahn. Dass so ein kleiner Hund derart kräftig und lange bohren konnte, hätten ihm die zwei Assistenten nicht zugetraut. Teddy wollte gar nicht mehr aufhören zu bohren. Massenhaft gelbweisse Späne flogen durch die Luft und verfingen sich im Mammutfell.

«So, nächste Runde», beendete Teddy schliesslich das Bohren und griff nach dem Eimer. «Ist immer gut, wenn genug Spachtelmasse im Haus ist. Eventualitäten und Einsatzmöglichkeiten können jederzeit hereinschneien, nicht wahr?» Teddy kicherte. Sorgfältig begann nun der Hausmeister, das Loch im Zahn zu füllen. Geschickt strich er zum Schluss mit dem Spachtel die Oberfläche glatt, sodass der Schaden kaum noch zu erahnen war.

«Tadaaa, Meister Teddy flickt Löcher in Wänden und Zähnen! Vielleicht sollte ich über eine Zahnarztkarriere nachdenken?!» Er lachte.

Freedel klopfte ihm anerkennend auf die Schulter: «Gut gemacht. Das hätte kein Arzt besser gekonnt, echt.»

«Na, Motivationstrainer Machmut? Wie geht es Ihnen?» Chinchinchen hatte sich auf den Hinterpfoten aufgerichtet, um dem Mammut halbwegs in die Augen zu sehen. Dabei war ein Mammutauge ähnlich gross wie Chinchinchens Kopf.

Machmut seufzte und drehte seine Augen schleichend langsam in Normalstellung. Vorsichtig hob er seinen Kopf, dann richtete er sich behutsam auf.

Stille. Die vom Spektakel angelockten Zuschauer hielten den Atem an.

«Super, mir geht es sehr gut! Wow, geradezu fantastisch!» Der Motivationstrainer schüttelte heftig seinen zotteligen Kopf, die Stosszähne schwangen gefährlich über den ganzen Vorplatz. Alle zogen ihre Köpfe ein. Die Zahnfüllung hielt.

SKETCH MICH!

«Ihr seid die beste Truppe, die ich kenne! Göttlich, wirklich. Und so klug und freundlich. Dabei schauen Sie alle auch noch hervorragend aus, sozusagen die Sahneschnitten der Dackelklinik. Ich fühle mich geehrt, von Ihnen geheilt worden zu sein. Sie haben alle einen Motivationskurs bei mir verdient, ich lade Sie ein.»

Motivationstrainer Machmut zog aus seinem Pelz drei Freitickets und strahlte vor überschäumender Begeisterung. Er schien von sämtlicher Negativität und allem Gestöhne befreit zu sein. Sein geflickter Zahn funkelte fast wie neu in der Sonne.

Teddy winkte ab: «Nicht nötig, danke. Ich bin eh schon übermotiviert. Noch mehr davon würde meine Frau nicht ertragen.»

Freedel lachte: «Und ich glaube nicht an so was. Das ist doch Psychokram, gehört in die Esoterikecke .... uuuuh, Magie.» Er verdrehte die Augen.

Chinchinchen schwieg und nahm die drei Tickets entgegen. Dann legte sie sanft eine Pfote auf einen Mammutfuss: «Herr Machmut, bitte nicht so wild. Sie sollten die Zahnfüllung erst trocknen lassen, bevor sie Ihren Zahn belasten.»

Sketch mich!

V) Auge(n) zu und durch

«Grummel. Doktor Chinkindchen, was ist denn mit Ihnen heute los?»

«Was meinen Sie, Herr Doktor Doktor Oberprofessor Woorscht?»

«Ssie leuchten. Und irgendwie sstehen Ssie anders da. Ssie sind durchgestreckt von der Sschnauze bis zur Sschwanzspitze. Und kauen mal nicht an Ihrem Ohr! Haben Ssie etwas geschluckt? Grummel. Ssie nehmen doch nicht etwa Drogen, Kindchen, oder?»

«Nein, nein, tue ich nicht», kicherte Chinchinchen verlegen. Sie hatte keine Lust, ihre Veränderung zu erklären. Doch dass diese sogar dem Woorscht auffiel, freute sie riesig. Der erste Abendkurs bei Machmut hatte sich gelohnt und sie fühlte sich geradezu abartig mutig.

«Eben, grummel. Denn wenn einer meiner Assistenten es wagen sollte, drogenberauscht hier in der Klinik zu erscheinen, nähe ich dem eigenhändig und ohne Betäubung die Ohren zusammen», spuckte der Oberprofessor fauchend und schaute Chinchinchen aus zusammengekniffenen Augen scharf an. Sein Spiegelreflektor wanderte in Schieflage.

Chinchinchen schluckte nervös, hielt aber dem prüfenden Blick des Oberprofessors mutig stand.

«Da ist Ihr Patient, Frau Doktor.» Woorscht zeigte auf einen vorgezogenen Vorhang.

«Ich soll alleine …?», flüsterte Chinchinchen schüchtern.

«Klar. Grummel. Sschliesslich ist das nicht mehr Ihr erster Tag. Dann mal ran an die Knochen, Fräulein Doktor.» Woorscht schob seinen Spiegelreflektor zurecht.

Chinchinchen zog den Vorhang beiseite und fand dahinter einen schlanken Jack Russel mit schwarzem Hut und Weste.

Sketch mich!

«Na endlich», stiess der Patient zwischen dünnen Lippen hervor.

«Guten Tag, ich bin Doktor Chinchinchen.»

«Chinkindchen! Heisst das. Ssprechen Ssie deutlich, damit die Patienten Ssie auch verstehen», korrigierte sie der Oberprofessor.

«Ja, selbstverständlich, Herr Oberprofessor ...», und an den Patienten gewandt, «Ich meine, ähmm ... wie geht es Ihnen?»

Der Oberprofessor machte mit seinem Unterkiefer eine wirsche Bewegung in Richtung Patienten. «Nicht sschwafeln ... vorwärts.»

«So eine hübsche, junge Doktorlady ...»

Chinchinchen wandte sich dem Jack Russel zu und schaute in ein tiefrotes Auge. Der Lippenstift von Oberschwester Biggi war im Vergleich dazu schon fast bescheiden dezent.

«Oh, Ihr Auge», stammelte sie.

«Ich weiss, Doktorlady, ich weiss», der Jack Russel zwinkerte mit seinem gesunden Auge.

«Was ist passiert? Ich meine, warum ist Ihr Auge so furchtbar rot und sieht aus wie ein roher Rindfleisch-Burger?»

«Ladys müssen nicht alles wissen», zwinkerte der Patient.

«Aber, ich bin Ihre Ärztin, ich muss doch ...»

«Sie müssen mich Pedro nennen, Lady.»

«Pedro, gut ..., aber, Pedro ...», Chinchinchen schluckte schwer. Schnell spulte sie gedanklich die Motivationssätze ab, die sie von Machmut gelernt hatte. ‹Ich bin gut›, ‹ich kann das›, ‹ich bin mutig› und ...

«Nichts aber, Lady, helfen Sie mir einfach.»

«Aber, Pedro, damit ich Ihnen helfen kann, muss ich doch wissen, was geschehen ist», versuchte es Chinchinchen erneut.

«Geschäfte eben», Pedro zwinkerte schon wieder mit seinem gesunden Auge, «einfach Geschäfte, hahaaa, Schätzchen, Sie wissen schon.» Zwinker.

«Können Sie denn noch etwas sehen, Pedro?»

Sketch mich!

«Oh, Lady, ich sehe Sie sehr gut, das können Sie mir glauben! Wann gehen wir zusammen auf ein Glas Wein in die Wurstsaftbar?»

«Pedro!» Chinchinchen räusperte sich und versuchte, die aufsteigende Schamröte niederzukämpfen.

«Hören Sie, Doktorschätzchen, mal ehrlich. Ich sitze nur hier, weil mein rotes Auge nicht gerade chic aussieht. Na, und ich will doch bei solch hübschen Knochen wie Ihnen weiterhin landen können. Also tun Sie etwas. Irgendetwas. Ich will hier raus. Hier stinkt es mir. Meine Geschäfte rufen, verstehen Sie?»

Sie fasste nach einer Nierenschale, füllte sie mit keimfreiem Wasser und wusch Pedros Auge sorgfältig aus. Kleine Metallsplitter klirrten in die silberne Schale. Das Auge blieb jedoch feuerrot.

«Sehen Sie mich?»

«Klar, Schönheit, ich sehe Sie», zwinkerte der Jack Russel Pedro. «Wenn auch nur mit einem Auge.»

Chinchinchen untersuchte das verletzte Auge sorgfältig. Nach diversen medizinischen Spülungen und drei verschiedenen Cremes resignierte sie. Sämtliche Behandlungen brachten keine Besserung. Pedro blieb auf dem Auge blind.

«Macht nichts, Doktorschätzelein, macht nichts», grinste der Patient, «ich sehe Sie immer noch.»

«Aber Sie sind doch kein einäugiger Pirat», versuchte Chinchinchen zu scherzen.

«Das ist es, Lady, das ist es! Sie sind nicht nur ausgesprochen hübsch, sondern genauso klug, gratuliere! Verpassen Sie mir eine Augenklappe und gut ist. Pedro, der Einäugige. Wetten, das treibt meine Geschäfte in Rekordhöhen? In allen Gassen werden sie sich an mich erinnern. Und mich fürchten, selbstverständlich. Doktorschätzchen, Sie sind ein Genie.»

Chinchinchen starrte ihn ungläubig an. Meinte dieser eigenartige Macho-Russel es tatsächlich ernst mit der Augenklap-

Sketch mich!

pe? Vorsicht, Vorsicht ... «Gut, ich besorge Ihnen eine. Aber versprechen Sie mir ...», Chinchinchen stockte.

«Was immer Sie wollen», säuselte Pedro süss und zwinkerte.

«Bleiben Sie hier und warten Sie auf mich. Ich darf nicht noch einen Patienten verlieren.»

«Ich bleibe sitzen wie angenagelt. Oder angeschossen. Hahaaa! Versprochen, Süsse.»

Pedro hielt sich daran und Chinchinchen musste zugeben, dass der Jack Russel mit Augenklappe gar nicht so übel aussah.

«Hier, Lady» Pedro zog einen Hunderter aus seinem Jackett und drückte ihn der verdutzten Assistenzärztin in die Kitteltasche.

«Aber ...»

«Ja, hübsches Doktorschätzchen, Sie haben recht. Das ist nicht genug.» Der nächste Schein war ein Tausender, der genauso mühelos von seiner in ihre Tasche wanderte.

«Aber ...», versuchte es Chinchinchen erneut.

«Seien Sie nicht so gierig, Lady», zwinkerte Pedro, steckte einen weiteren Tausender nach und marschierte an den Administrations-Tresen, um sich die Entlassung aus dem Krankenhaus offiziell bestätigen zu lassen.

Chinchinchen fühlte die Geldnoten in ihrem Kittel und begann zu grinsen.

Machmut hatte recht gehabt. Wenn sie nur stark genug daran glaubte, würde alles gut werden! Selbstbewusstsein war der Schlüssel zum Erfolg.

Mit nur einem Patienten hatte sie plötzlich ihre Verdienstausfälle mehr als ausgeglichen. Sie grinste erneut. Am Ausgang drehte sich Pedro noch einmal um, warf ihr eine Kusshand zu, zwinkerte und verschwand.

SKETCH MICH!

VI) Wasserklar

«Alarm, Alarm!» Die Oktopusdame hinter dem Empfangstresen fuchtelte wild mit ihren Armen. «Es trudeln gleich mehrere Notfälle ein. Eine Massenkarambolage auf der N7!»

Freedel wurde es bei diesem Gefuchtel halb schwindelig und doch musste er über Sybolle schmunzeln. Mit ihren acht Armen war sie bestimmt die begabteste Empfangsdame. Sie konnte gleichzeitig die Telefonanlage und die Kaffeemaschine bedienen, ein Aufnahmeformular aushändigen und verirrten Patienten den Weg weisen. Wie praktisch, acht Arme mit unzähligen Saugnäpfen zu haben.

Die Tür flog auf. Zwei Dackelsanitäter rollten eine Trage herein. Darauf stand ein Kugelglas, in dem das Wasser gefährlich wild hochschwappte. Im Wasser zappelte ein kleiner, aber ausserordentlich dicker, rotweiss gefleckter Fisch.

Freedel trat näher. «Was zum Geier ist das denn?»

Der eine Sanitäter rollte die Augen. «Nix Geier. Sondern Japanischer Koi. Teenager, deshalb noch etwas klein. Der arme Fisch sollte nicht so dick sein. Hat am Unfallort einen Schock erlitten und schluckt nun Unmengen Wasser. Wenn ihr das nicht stoppen könnt, platzt er bald oder sprengt das Glas, weil sein Bauch einfach zu dick wird.»

Freedel schaute ihn ungläubig an.

«Nicht schauen, Frischling, sondern handeln!» Und schon drückte der Sanitäter ihm das Fischglas in die Pfoten.

«Grummel, Freedel, lassen Ssie ssich was einfallen!», spuckte ihm Oberprofessor Doktor Doktor Woorscht entgegen und nahm sogleich die nächste Trage in Empfang. Auf der lag ein Jack Russel, der Chinchinchen bekannt vorkam.

«Ich will vom hübschen Assistenzschätzelein behandelt werden!», rief der Patient prompt.

Der Oberprofessor hielt inne, richtete verlegen seinen Spie-

SKETCH MICH!

gelreflektor und schob die Trage etwas angesäuert seiner Assistentin zu. «Da, Chinkindchen, da ssind Ssie wohl gefragt.»

«Pedro», reagierte diese erschrocken, «weit sind Sie mit Ihrem Auge ja nicht gerade gekommen.»

«Sie sagen es, Schätzchen, und nun sehe ich Sie überhaupt nicht mehr.» Langsam zog er seine Pfote von der Stelle, wo gestern noch ein gesundes Auge gewesen war. Nun klaffte dort nur eine hässliche Wunde. «Aber an intelligente Schönheiten, wie Sie eine sind, werde ich mich immer erinnern.»

«Pedro, herje, Ihr letztes Auge!», rief Chinchinchen. «Was ist denn passiert?»

«Geknallt hat es, gewaltig. Ausnahmsweise mal auf der Strasse und nicht aus der Knarre», Pedro grölte rau. «Ich weiss, ich weiss, Schätzelein», winkte er ab. «Da ist sicher nichts mehr zu machen. Tja, ich lebe gefährlich! Ein Auge mehr oder weniger – kommt es darauf noch an?»

Chinchinchen begann, die hässliche Augenwunde zu säubern. Der Jack Russel nahm den Schmerz mit zusammengepresster Schnauze hin, aber ohne zu zucken.

«Pedro, vielleicht sollten Sie zum Psychiater. Sein Augenlicht von einem Tag auf den anderen zu verlieren, ist ein echter Schicksalsschlag. Lassen Sie sich helfen. Dann finden Sie sich bestimmt schneller wieder zurecht.» Chinchinchen schaute den Jack Russel hoffnungsvoll an.

«Ach was», blaffte der, «Psychiater sind etwas für arme oder fantasielose Menschen. Ich investiere meine Kohle lieber in weitere Geschäfte. Verstehen Sie, Schätzelein? Ich würde ja gerne zwinkern, nützt wohl aber nichts.» Pedro lachte erneut. «Verpassen Sie mir einfach eine zweite Augenklappe und einen Übersetzer.»

«Einen Übersetzer?» Chinchinchen begriff nicht.

«Einen Übersetzer??», blubberte es neben ihr aus dem Fischglas.

«Was für einen Übersetzer?», mischte sich auch Freedel ein.

Sketch mich!

«Na, jemand, der mich begleitet, mir die Welt um mich herum erklärt, also quasi für mich sieht und doch über gewisse heikle Angelegenheiten schweigen kann wie ein Fisch.»

«Wie ein Fisch …?», wiederholte Chinchinchen.

«Ein Fisch?», wunderte sich auch Freedel.

«Wie ich!», rief es aus dem Glas.

«Ist Ihr Schluckauf weg, Herr Koikuku?» Freedel schaute prüfend ins Glas.

«Ja genau! Ach, herrlich. Und es ist doch wasserklar: Ich bin der perfekte Übersetzer für den Herrn, ich schwöre. Ich kann schauen, lotsen, glubschen und schweigen, Ehrenwort! Denn schliesslich bin ich ein Ehrenfisch, äääáh, ein Edelfisch.»

Herr Koikuku blubberte und wurde mit jedem Blubb schmaler. Sein Kugelbauch verschwand zusehends und der Teeny-Koi drehte in seiner Begeisterung etliche flinke Runden im Glas.

«Ist ja gut, ist ja gut», versuchte ihn Freedel zu beruhigen. «Halten Sie sich etwas ruhig, sonst ist der nächste Schluckauf nicht weit.»

«Was ist denn hier los?! Haben Sie nichts zu tun?», waberte die Oberschwester heran und krächzte durch ihre feuerroten Lippen.

«Wir haben soeben zwei Patienten geheilt», rief Freedel stolz.

«Na, dann los, es werden gleich noch ein paar weitere angekarrt!»

Schon flog die Tür der Notfallstation erneut auf und die nächste Trage rollte herein. Die Hektik in der Notaufnahme erreichte ihren Höhepunkt.

Hinaus aber schritt Pedro, der blinde Jack Russel. In seinen Pfoten hielt er ein Fischglas, aus dem es rief: «Geradeaus, weiter … wenig links. Türe nach vorne aufdrücken, dann sind wir draussen, Herr Pedro. Links, Achtung, drei Stufen …»

Sketch mich!

VII) Sybolle

«Ssybolle! Grummel … Ssybolle! Wo sstecken Ssie denn!»

Doktor Doktor Oberprofessor Woorscht knurrte in seine Schnauzhaare, in denen kleine Spuckbläschen zitterten. Er tapste nervös von seinen linken Pfoten auf die rechten und zurück, doch nichts half. «Ssybollllleeeee!!!», rief er erneut ungeduldig. Der Empfangstresen blieb geisterhaft leer.

«Doktor Freedel! Grummel … Freedel! Hierher!» Der Oberprofessor pfiff nach seinem Assistenten wie nach einem Hund. «Ssetzen Ssie ssich an den Empfang und sschauen Ssie, dass es läuft. Eine Klinik ohne Empfangspersonal … das geht doch nicht, grummel.»

Freedel zog seine Ohren ein und setzte sich brav hinter den Tresen. Vor ihm stand Sybolles Computer und der Cursor auf dem Bildschirm forderte ihn blinkend heraus. Was sollte er tun? Er hatte keine Ahnung von Computern und von Bürozeugs auch nicht.

«Aber, Herr Doktor Doktor Ober…» Doch der Woorscht war gar nicht mehr da. Freedel verstummte und schaute hilflos auf den Bildschirm.

«Guten Tag», piepste es nun auf der anderen Seite des Tresens.

«Guten Tag», brummte es aus derselben Richtung.

«Guten Tag», antwortete Freedel und schaute auf.

Ein unangenehmer Geruch strömte dem jungen Arzt entgegen. Eklig, diese typische Strassenköter-Duftnote nach Ohrenschmalz, Abwasser und Mülleimern.

«Könnten Sie bitte mal schauen? Mir sitzt da was im Nacken, es brennt und juckt. Echt unangenehm.» Ein zerzauster Dackel in Latzhosen stand am Empfang.

«Ja, sicher, Moment», antwortete Freedel und war glücklich, Sybolles Arbeitsplatz verlassen zu dürfen. Schliesslich war er

Sketch mich!

schon fast ein richtiger Doktor und hatte nicht jahrelang studiert, um sich vor einem Bildschirm zum Narren zu machen. Er war hier, um Patienten ernsthaft zu helfen, um Leben zu retten, jawohl!

«Könnten Sie bitte mal schauen», piepste es nun aus der gleichen Richtung.

Freedel schaute den Patienten leicht irritiert an.

«Wie bitte?»

«Ich habe nichts gesagt», meinte der Dackel und kratzte sich am Nacken. «Aber ich höre seit gestern eine eigenartige Stimme. So hoch und hell wie von einem Engel. Dabei habe ich nichts getrunken, ich schwöre.»

«Herr Doktor, schauen Sie bitte mal, mir hängt da was am Mund! Es brennt und juckt», piepste es nun wieder.

Freedel und der Patient schauten sich erneut verwirrt um. Die Engelsstimme schien vom Dackel auszuströmen. Freedel beugte sich über seinen Nacken. Da, schon wieder diese Stimme und jetzt klang sie ganz nah!

«Was ist das denn bloss? Es ist echt störend, mir hängt da was am Mund, das einfach unangenehm pelzig ist und dringend Seife vertragen würde. Wie kann man nur so stinken, das ist ja widerlich.»

Freedel atmete tief ein, kniff sich die Nase zu und inspizierte den struppigen Kerl. Woher kam bloss diese Stimme? Er wühlte in dem verfilzten Nackenpelz des Patienten und entdeckte sie plötzlich: eine Zecke. Sie strampelte hilflos mit ihren acht winzigen Beinchen, ihr Körper war überdimensional prall und ihr Mund hängte im Dackelnacken fest.

«Können Sie mir nun helfen? Sehen Sie etwas?», brummte der dackelige Zausi wirsch.

«Können Sie mir nun helfen? Was hängt denn da an meinem Mund?», piepste die Zecke.

«Was tun Sie denn hier, Doktor Freedel!», bellte es neben der eigenartigen Truppe. Oberschwester Biggi waberte

SKETCH MICH!

vorbei und schmollte empört ihre knallroten Lippen. «Die Leute brauchen keinen neuen Schmusefreund, sondern einen Arzt! Helfen Sie oder machen Sie Platz für solche, die es können. In Ihrer Freizeit können Sie kuscheln und entlausen!»

Und schon war die Biggi in einem Behandlungsraum verschwunden.

Freedel schüttelte den Kopf über die zickige Oberschwester. Wenn die nur ständig motzen konnte. So unzufriedene Ladys mochte er nicht. Naja, momentan hatte er ein Zeckenproblem zu lösen.

Er beugte sich vor und flüsterte der Zecke zu: «Ihnen hängt ein Hund am Mund!»

«Waaaaas?», piepste es erschrocken. «Ein Hund an meinem Mund?»

«So ist es, ja.»

«Hund am Mund. Aber so was Stinkiges habe ich noch nie erlebt. Tun Sie bitte was, das ist ja unerträglich!»

«Unerträglich, genau», wiederholte der ungepflegte Dackelpatient und kratzte sich am Bauch.

Freedel führte den Zausi in einen Behandlungsraum. Dort rasierte er dem Dackel den Nacken, damit er die Zecke im Pelz besser sehen konnte. Die Dackelhaut war geschwollen, schorfig und rot entzündet. Kein appetitlicher Anblick.

«Wie können Sie bloss in so was beissen?», flüsterte er ungläubig.

«Nicht freiwillig, ich schwöre! Ein gemeiner Windstoss überraschte mich während meines Mittagsschläfchens, sodass ich von meinem Ast fiel. Vor Schreck schrie ich, schnappte nach Luft und dann klebte der plötzlich an meinem Mund. Eklig, sage ich Ihnen, eeeklig!»

«Es ist bald überstanden», beruhigte Freedel sie.

Sorgfältig fasste er die Zecke mit einer Pinzette und zog sie ganz langsam und sehr vorsichtig aus der entzündeten Dackelhaut.

SKETCH MICH!

«Herrlich!», juchzte das winzige Wesen, als es befreit in der Pinzette zappelte.

«Endlich!», brummte der Zausi und rülpste dröhnend. Eine Duftwolke von billigem Bier breitete sich aus. Er begann sich genüsslich und ausgiebig am Nacken zu kratzen.

Freedel hielt sich angewidert die Nase zu. «Möchten Sie sich vielleicht duschen?», fragte er seinen ungepflegten Patienten.

Der schüttelte wirsch seine Zotteln. Freedel schaffte es gerade noch, von ihm das Formular für bedürftige, mittellose Patienten ausfüllen und unterzeichnen zu lassen, bevor der Zausi ohne ein weiteres Wort aus der Klinik zottelte. Ein letzter Rülpser hallte durch die leere Eingangshalle.

Mit der kleinen Zeckenpatientin hatte Freedel Mitleid. Sie hatte bereits genug leiden müssen, fand er. Den Aufnahmepapierkram wollte er ihr ersparen. Heimlich setzte er sie in seiner Mittagspause im Klinikpark auf ein besonders hübsches Ahornblatt.

«Endlich, frische Luft, danke!», piepste dieses kleine Wesen erleichtert und krabbelte davon.

Als Freedel durch einen Hintereingang wieder in die Klinik zurückschlich, entdeckte er Sybolle in einem ungewohnten Kittel, bewaffnet mit einer Klobürste, je einem roten, grünen und gelben Putzlappen und noch einem Staubwedel.

«Sybolle, was tun Sie hier? Warum sind Sie nicht am Empfang? Wo ist Ihr Jackett geblieben?», fragte er sie.

«Sybolle? Wer sagt denn so was. Ich bin Kobylle, die wohl begabteste Kloputzfrau der Klinik.»

Nahm die Verwirrung denn heute kein Ende? Kobylle, die aussah wie Sybolle? Der verwaiste Empfang? Eine hochbegabte Kloputzfrau?

Freedel hatte endgültig die Schnauze voll und ausserdem das drängende Bedürfnis, seine Pfoten gründlich zu waschen. In seiner Nase klebte noch der Rülpsgestank und Strassenköterduft.

Sketch mich!

«Hier», Kobylle rümpfte auch schon die Nase und reichte ihm per Saugnapf das Desinfektionsmittel.

Freedel nahm es dankbar entgegen und wusch sich gründlich.

«Nein», dachte er, «heute ist nicht der richtige Tag, um Chinchinchen zu fragen ...»

Freedel seufzte und wusch und schrubbte seine vier Pfoten.

«Nein, heute nicht, aber vielleicht morgen ...»

Freedel seufzte erneut.

Kobylle scheuerte sich eifrig von einer WC-Kabine in die nächste.

Sketch mich!

VIII) Illi Luumi

«Freedel», flüsterte Chinchinchen scheu, «könntest du mir bitte mal helfen? Ich weiss nicht weiter.»

«Klar!» Freedel war begeistert. Er genoss jede Minute, die er mit der hübschen und sehr begabten Kollegin Chinchinchen verbringen durfte. «Was kann ich für dich tun?»

«Der Fall meiner Patientin überfordert mich. Vielleicht weisst du eine Lösung.»

Chinchinchen zerrte Freedel am Kittelärmel sanft ins nächste Zimmer. Auf dem Behandlungstisch hockte eine grosse Schabe. Ihre Fühler zitterten nervös. Mit ihren roten Augen blinzelte sie angestrengt ins grelle Licht der Behandlungsleuchte. Zu ihrem bleichen Körper wirkten die Augen wie zwei blutige Einschusslöcher. Bleicher Körper? Moment, da stimmte doch was nicht.

Freedel kratzte sich am Kinn. Waren Schaben nicht normalerweise braun glänzend bis fast schwarz? «Warum ...»

«Nein, nein, Herr Doktor, nicht Sie auch noch! Fragen Sie nicht, warum ich nicht mehr leuchten mag. Ich bin ausgebrannt. Endgültig. Ich war so lange die Taschenlampe meiner Genossen, bis ich nun einfach keine Kraft mehr dafür habe. Ich habe ein Burnout. Ich will und kann nicht mehr. Schlafen! Jawohl. Schlafen will ich noch. Und sonst nichts. Also fragen Sie mich bloss nicht, warum ich nicht mehr leuchten will!»

Freedel verschluckte seine Frage und winkte Chinchinchen aus dem Zimmer. Draussen traute er sich, seine Frage auszuformulieren: «Warum ist diese Schabe weiss, Chinchinchen?»

«Sie ist eine Albinoschabe. Von Geburt an ist sie weiss. Und die roten Augen sind durchaus auch typisch für Albinos. Nicht ihre Farbe, sondern das Burnout ist das Problem, Freedel. Ich kenne mich nicht aus mit Burnout-Patienten. Illi Luumi scheint jedoch nervlich völlig fertig zu sein. Sie spricht ständig

SKETCH MICH!

mit sich selbst, zeitweise tobt sie und schleudert ‹Nein! Nein!› in die Welt.»

«Illi wer?»

«Na, die Patientin heisst so. Illi Luumi», klärte Chinchinchen ihn auf.

«Nein! Nein, ich will nicht mehr, neeeiiiin!», dröhnte es prompt aus dem Behandlungszimmer.

Freedel schaute hinein und sah, wie die Schabe ihren weissen Kopf hin und her schleuderte, dass sie fast vom Behandlungstisch fiel.

«Was ist denn hier los! Grummel», wetterte und lispelte es unerwartet neben den beiden Assistenzärzten. «Kaffeekränzchen, oder was??» Der Spiegelreflektor des Doktor Doktor Oberprofessors Woorscht rutschte nach links. Mit einer wirschen Pfotenbewegung rückte er ihn zurecht. «Grummel.»

«Herr Doktor Doktor Oberprofessor, bitte entschuldigen Sie. Wir beraten uns gerade, wie wir die Burnout-Patientin Illi Luumi behandeln könnten. Sie holt sich noch einen Genickbruch, wenn sie weiterhin ihren Kopf derart hin- und her schleudert. Oder sie fällt vom Tisch und holt sich sonst was …»

«Doktor Chinkindchen, wir können Lebewesen nicht vor allen Dummheiten bewahren, wir können ssie nur behandeln. Wenn Ssie also alle Ticks und dummen Angewohnheiten der Patienten heilen möchten, werden Ssie als Ärztin bald arbeitslos sein. Oder sselbst zum Nervenbündel werden. Die Dummheiten anderer ssind nicht Ihre Angelegenheit, verstanden? Werden Ssie vom Sschwamm zum Felsen. Dann ssind Sie hilfreich.»

«Ja, Herr Doktor Doktor Oberprofessor, aber …»

«Nichts aber, Doktor Chinkindchen, Ssie haben sstudiert. Ssie können der Patientin helfen ohne emotionalem Dingsquatsch. Grummel. Los jetzt, an die Arbeit!»

Der Oberprofessor räusperte sich noch zweimal, leckte sich die Speicheltröpfchen von der Nase, rückte seinen Spiegel-

Sketch mich!

reflektor gerade und brummelte beim Weggehen: «Muss ich denn in diesem Ssaustall hier alles alleine entscheiden oder was … Das ist doch unmöglich! Und wo ssteckt denn heute Ssybolle wieder? Grummel. Zuverlässiges Personal sscheint hier sso sselten zu ssein wie Menschen mit gesundem Verstand …»

Chinchinchen und Freedel schauten sich ratlos an. Und nun?

«Komm, wir hören mal, was Frau Luumi uns weiter zu sagen hat. Vielleicht fällt uns dann die optimale Behandlungsmethode ein.»

Wie dankbar war doch Illi Luumi, als sie endlich mal ausführlich von ihrem grossen Leiden erzählen durfte. Sogar zwei Ärzte lauschten gleichzeitig! Das tat ihrer geschundenen Seele gut. Tapfer kämpfte sie ihre Tränen beiseite und klagte ihr Leid. Sie beschrieb ihr finsteres Leben im Abflussschacht, wo es vor lauter menschlichen Exkrementen fürchterlich stank. Dies war absolut nichts Ungewöhnliches und Schaben sind sich diese ausserordentliche Duftwelt gewohnt. Illi jedoch schlug der Gestank auf den Appetit. Geschwächt vor Hunger mochte sie kaum noch zuverlässig ihre Aufgabe in der Schabenschar ausführen. Sie hatte nämlich zu leuchten! Weil sie so hell war, galt sie als die Leuchte der Schar, als Lichtquelle und Taschenlampe.

Ausgehungert und überarbeitet – schliesslich musste sie 24 Stunden am Tag leuchten – war Illi vor ein paar Tagen in einen Streik getreten. Sie hatte sich unter einen Dreckhaufen gehockt und sich standhaft geweigert, weiterhin als Leuchte zu dienen. Ihr fehlten einfach die Kraft und Motivation für ihre Arbeit. Sie schlidderte mit jeder Streikminute tiefer in Depressionen. Sie sass so tief im Dreck und in der Depression, dass sie nicht einmal mehr heulen mochte.

So realisierte die Schar endlich den Wert, den ihre Leuchte Illi für sie tatsächlich hatte. Sie packten sie unter ihre Beinchen und trugen sie gewaltsam in die Klinik. Gewaltsam? Ja, denn Illi strampelte wie eine Verrückte, schlug und biss um sich. Sie

Sketch mich!

wollte nicht mehr! Sie wollte einfach nur noch im Dreck sitzen und von einem sauberen, stinkfreien Leben träumen.

«Was für eine Geschichte», staunte Freedel, «da kann doch nur einer helfen. Denkst du das Gleiche wie ich, Chinchinchen?»

«Vermutlich ...»

«Machmut?»

«Machmut!»

«Wer Mut?», fragte die Schabe nach.

«Lassen Sie sich überraschen, Frau Luumi. Wir bringen Sie zu einem Freund, der Ihnen bestimmt hilft. Mich hat er zu der gemacht, die ich heute bin. Vom eingeschüchterten Chinchinchen ohne Selbstbewusstsein wurde ich eine stolze und fähige Assistenzärztin! Dank ihm!»

Illi Luumi blieb kritisch.

«Sie werden sehen», doppelte nun auch Freedel nach, «Machmut ist ein fantastisches Mammut mit besonderer Motivationsbegabung. Heute veranstaltet er einen Power-Abend. Wir gehen dahin. Kommen Sie doch einfach mit, Frau Luumi. Wenn Sie in der Cafeteria auf uns warten, können wir zu dritt zu der Veranstaltung. Einverstanden?»

Chinchinchen liess der Patientin kaum eine Wahl. Sie schubste sie behutsam, doch bestimmt in Richtung Cafeteria und setzte die weisse Schabe an einen Tisch. Sie meinte, bereits wieder etwas Licht in den Augen der Patientin aufflackern zu sehen.

«In einer Stunde haben wir Feierabend. Ich lasse Ihnen einen wunderbar duftenden Kaffee bringen. Keine Widerrede, denn der ist ärztlich verordnet. Er wird Ihnen guttun und Ihre Riechsensoren mal zünftig durchpusten.» Chinchinchen drehte sich um und rief während des Davondackelns fröhlich zurück: «Bis später!»

Sketch mich!

IX) Trabelididu

«Was ist denn jetzt los?» Oberschwester Biggi staunte nicht schlecht, als sie an einem hundsnormalen Dienstag hinter dem Empfangstresen eine weisse Schabe entdeckte. Dieses kleine Insekt leuchtete so sehr, dass Biggi beinahe ihre Sonnenbrille zücken musste. Wenn sie denn eine dabeigehabt hätte.

Erstaunlich begabt und äusserst flink bediente die Leuchtschabe die Telefonanlage. Sprang hin und her, drückte Knöpfe mit all ihren sechs Beinen und wenn die nicht reichten, halfen noch die zwei Fühler. Stolz glühten ihre roten Augen.

«Das ist unsere neue Empfangsdame», erklärte Freedel der Oberschwester.

«Wo, ja aber, wo ist denn Sybolle?» Oberschwester Biggi stampfte trotzig mit ihrer Hinterpfote auf. Sie hasste Veränderungen. Sie hasste Insekten! Und sie liebte die Oktopus-Lady Sybolle.

«Ssybolle hilft mir jetzt im Operationssaal, Oberschwester Biggi», lispelte es neben ihnen. «Grummel, sso ist es.»

«Aber warum, Herr Doktor Doktor Oberprofessor? Sybolle ist doch so begabt und hervorragend in ihrem Job am Empfang.»

«Ssie ist noch begabter im Operationssaal. Finden Ssie ssich damit ab, Biggi», winkte Woorscht ab. «Mit sso vielen Tentakeln und noch mehr Ssaugnäpfen, Herrgott! Sso sschnell, wie die mir Instrumente reichen kann, sschneide ich keinen Dackel auf.»

«Aber, aber, warum haben Sie Sybolle und nicht Kobylle für diesen Job gewählt? Könnten wir nicht eher auf eine hochbegabte Kloputzfrau als auf eine hochbegabte Empfangsdame verzichten?», argumentierte Freedel.

«Ssie! Grummel. Ssie halten ssich wohl für besonders sschlau, Assistent Freedel», donnerte der Doktor Doktor

Sketch mich!

Oberprofessor los. «Halten Ssie sich an das, was Ssie können. Ssonst wird aus Ihnen bald ein Kloputzassistent, das verspreche ich Ihnen.»

Woorscht wischte sich eifrig über die Schnauze und mit der gleichen Bewegung schob er seinen Spiegelreflektor wieder mittig auf seinen Kopf.

«Patientin!», fiepste da die Schabe und wies auf die Eingangstür.

Durch die Schwingtür trappelte ein überdimensionaler Tausendfüsser. Trappelte, trappelte, stolperte und überschlug sich kopfvoran. Unsanft landete er vor der zurückweichenden Biggi, dem Oberprofessor und Freedel.

«Ich bin verwirrt», gestand Freedel.

«Kein Wunder, das sind meine Füsse auch. Schliesslich fehlt ein Fuss! Und seither stolpere ich über alles Mögliche. Und über Unmögliches auch, beispielsweise über einen meiner anderen 999 Füsse! Guten Tag, wie unhöflich, ich habe mich noch nicht vorgestellt. Ich bin Trabelididu der 49.»

«Hier, ausfüllen, bitte.» Illi Luumi schob dem Tausendfüsser das Eintrittsformular hin.

Von seinen 999 Füssen nutzte er einen, der noch frei beweglich war, und schrieb seine Personalien ins Formular.

«Was ist jetzt mit Kobylle?», wirbelte sich Biggi wieder in den Vordergrund. Erwartungsvoll stürzte sie ihre roten Lippen, sodass sie noch voller und wulstiger wirkten.

«Grummel. Nichts», knurrte Woorscht.

«Nichts?», fragte Freedel.

«Grummel, Kobylle gibt es nicht.»

«Gibt es nicht?», Biggi kniff ihre Lippen zusammen, sodass ihr Doppelkinn wabbelte.

«Grummel. Richtig, die gibt es nicht. Ssybolle ist Kobylle. Oder Kobylle ist Ssybolle. Eigentlich gibt es nur Ssybolle und die ist jetzt bei mir im Operationssaal. Fertig jetzt mit dem Geplänkel hier. Da gibt es einen Patienten, der deutlich zu

SKETCH MICH!

erkennen Hilfe braucht. Grummel. Bringen Ssie Ordnung rein, Doktor Freedel!»

«Ich? Warum denn ich?»

«Ssehen Ssie noch einen anderen Assistenten sich langweilen, oder was?!», bellte der Oberprofessor. Sein Spiegelreflektor fiel vor Ärger fast zu Boden. Kurz vor der Katastrophe schubste ihn Woorscht gerade noch an seinen Stammplatz zurück. Doch das Donnerwetter war noch nicht vorüber. «Was glauben Ssie denn, warum Ssie hier sind? Wer patientenlos und zuerst vor Ort ist, muss helfen. Meinen Ssie denn, die Hausregeln ssind grundlos da? Grummel. Wenn Ssie eine davon brechen, können Ssie genauso gut alle brechen und nach Hause dackeln.»

Freedel zog beschämt den Schwanz ein. So hatte schon lange niemand mehr mit ihm geschimpft. Das war ja schlimmer als in der Grundschule!

Betroffen wandte er sich dem Tausendfüsser zu und bat ihn in den nächsten Behandlungsraum.

«Ach, junger Mann, nehmen Sie sich das nicht zu Herzen», empfahl Trabelididu der 49. «Vorgesetzte, tssss!! Wer nimmt die schon ernst. Sie etwa? Aber doch nicht diesen lispelnden Hund mit seinem lächerlichen Spiegel zwischen den Ohren! Der passt viel besser als Witzfigur in ein Lach-Seminar als in eine hervorragende Dackelklinik wie diese.»

«Meinen Sie?», fragte Freedel mit hängenden Ohren. Trabelididus Worte waren echte Seelenschmeichler, wie ein Butterbrot mit doppelt Marmelade drauf. Obwohl, wenn er ehrlich war, fand er sie auch etwas unfair. Schliesslich war Doktor Doktor Oberprofessor Woorscht ein ausserordentlich fähiger Dackel. Doch nach dieser harten Zurechtweisung hatte Freedel wenig Lust, seinen Chef zu verteidigen.

Stattdessen untersuchte er die verknoteten Beine und zog sachte daran.

«Auuuu!», schrie der Tausendfüsser und zappelte wild.

Sketch mich!

Tatsächlich wuselte er derart ungestüm, dass Freedel verblüfft registrierte, wie sich alle Knoten von selbst lösten und – neu verknoteten. Einfach anders. Das neue Durcheinander war genauso verwirrend wie das alte.

«Hier gibt es Arbeit für mich?», fragte es und eine feingliedrige, langhaarige Dackellady betrat den Raum.

«Kommt darauf an», meinte Freedel.

«Oh doch, ich sehe schon ...»

«Moment, wer sind Sie?», fragte Freedel, dem durchaus bewusst war, dass er nicht einfach einen Patienten weiterreichen durfte, nur weil der ihn verwirrte. Oder nur weil er sich selbst verwirrte. Wie verwirrend.

«Ich bin Xeniaja, die Physiotherapeutin. Machen Sie mal Platz, das sieht nach meiner Baustelle aus.»

Xeniaja schubste Freedel unwirsch beiseite. Der arme Kerl musste schon wieder eine Zurückweisung verkraften. Bedrückt, aber auch von der Physiotherapeutin fasziniert beobachtete er, wie Xeniaja sich über das Füssewirrwarr beugte und immer wieder «hmmm» oder «aha, aha» murmelte. Er erwartete, dass sie mit ihren langen, schmalen Fingern wie mit einer Pinzette in das Chaos greifen und es entwirren würde.

Stattdessen rief Xeniaja plötzlich: «Achtung, hejaaaa!» Und schlug mit ihrer Handkante kräftig auf den Rücken des Tausendfüssers. Es knarrte und in unheimlichem Tempo lösten sich die verwirrten Beine und sortierten sich selbst wie von Geisterhand.

«Was war das?», staunte Freedel.

«Keine Hexerei. Zwischen dem 49. und 50. Segment gab es am Tergit eine grobe Verspannung. Mit der gezielten Stimulation durch meinen Handkantenschlag löste sich diese. Keine Verspannung, keine Verwirrung. Verstehen Sie?»

«Ach so ...»

«Kommen Sie», wandte sich Xeniaja nun an Trabelididu, «wir suchen Ihnen in meinem Keller eine geeignete Prothese

Sketch mich!

für Ihren fehlenden Fuss. Denn wenn Sie so einseitig herumfüsseln, werden Sie sich bald wieder verspannen und die nächste Verknotung wird Sie verwirren.»

Trabelididu nickte dankbar und folgte der Dackellady brav wie ein Hündchen. Die neue Ordnung beeindruckte ihn derart, dass er noch etwas wirr dreinblickte. Darüber vergass er sogar fast das Hinken.

Xeniaja würde diesen verwirrenden Fall jedoch bestimmt meisterlich und endgültig lösen, da war sich Freedel sicher.

Sketch mich!

X) Humelius

«Theoretisch kann eine Hummel gar nicht fliegen. Sie ist viel zu gross und viel zu schwer für ihre kleinen Flügel», erklärte Chinchinchen und nippte an ihrem Pausenkaffee. «Die Hummel weiss das aber nicht und fliegt einfach. Ist das nicht unglaublich?»

«Unglaublich? Grummel. Ach was, wer erzählt denn sso einen Quatsch!», wetterte Doktor Doktor Oberprofessor Woorscht, der gerade den Pausenraum betrat. «Grummel, dieser völlige Unsinn wird von den Motivations-Heinis und sspirituellen Gurus verbreitet und beeindruckt leichtgläubige Menschen!»

Chinchinchen fühlte sich ertappt. Tatsächlich hatte Machmut diese Hummelgeschichte erzählt und sie war davon schwer beeindruckt gewesen.

«Ja, aber die Physik ...», versuchte Freedel seiner Kollegin zu helfen.

«Ja, ja, bla bla. Grummel, ssoooo ein irrer Irrglaube!», Woorscht wischte seine Schnauze trocken, die er sich gerade eifrig vollgelispelt hatte, richtete seinen Spiegel so sehr, dass er nun zur anderen Seite kippte und holte noch weiter aus. «Merken Ssie ssich: Nur weil alle es verzapfen, ist es noch lange nicht die ganze Wahrheit. Die Flügel einer Hummel ssind zwar klein, aber derart beweglich, ssodass auch die fetteste Hummel bestens fliegt. Die Flügel sschlagen nämlich nicht einfach auf und ab, ssondern rotieren zusätzlich. Wissen Ssie. Sso ist das, nämlich.»

Doktor Doktor Oberprofessor Woorscht richtete seinen Spiegelreflektor. Der wackelte kurz zwischen den Ohren und ruhte dann in erstaunlicher Symmetrie. Der Oberprofessor nickte der verblüfften Kaffeerunde zu, drehte sich um und rauschte mit wehendem Kittel aus der Tür.

Einen Augenblick später knallte es. Ohrenbetäubendes

Sketch mich!

Scheppern und ein lautes Knurren verhiessen nichts Gutes.

«Was soll das! Haben Sie keine Augen im Kopf, Hausmeister Teddy? Passen Sie doch auf, wohin Sie rennen, Sie Tölpel! Nein, ach herrje, sehen Sie nur, was Sie angerichtet haben, mein schöner Spiegelreflektor! Ein Erbstück, mein Glücksbringer, mein treuer Begleiter!!!»

Chinchinchen, Freedel, Biggi, Xeniaja und zwei Schwestern stürzten hinaus in den Korridor, um zu sehen, was passiert war.

Am Boden, von Scherben umringt, sassen der Doktor Doktor Oberprofessor Woorscht und der Hausmeister Teddy. Beide rieben sich schmerzverzerrt die Schnauzen. Auf dem Boden neben dem Oberprofessor lag – in zig Teile zerbrochen – der Spiegelreflektor.

«Ich ... ich war doch gerade dabei, die reparierte Leuchte wieder zu installieren, als Sie wie ein Geschoss aus dem Pausenraum stürmten. Ich kann doch nichts dafür, ...»

«Teddy, was sagen Sie denn da?», fauchte der Oberprofessor. «Soll etwa ich schuld sein, wenn Sie mit Ihrer bescheuerten Leiter mitten im Korridor rumstehen? Sind Sie denn noch bei Trost?»

«Herr Doktor Doktor Oberprofessor», schaltete sich nun Biggi ein.

«Was!», bellte der zurück.

«Hören Sie doch nur, Sie haben Ihr Lispeln verloren!»

«Lispeln? Grummel. Mein Lispeln!»

«Hmmmmm, aha, aha», stimmte nun Xeniaja ein. «Ahnte ich es doch. Dieser Spiegelreflektor drückte auf den Nerv hinter Ihren Ohren, der wiederum beeinflusste Ihren Nackenbereich, dort entstand eine Verspannung, die sich bis in Ihre Schwanzspitze zog, andererseits aber auch bis in Ihr Sprachzentrum, wo sie so manches S Ihrer Aussprache verdoppelte.»

«Reden Sie doch nicht so einen Unsinn, Xeniaja», rügte der Oberprofessor.

Sketch mich!

«Sie sprechen aber wirklich anders», wagte sich Teddy zu Wort.

«Ach!», meinte da der Oberprofessor. Ungeduldig rappelte er sich auf seine vier Beine und dackelte davon. Sein Schwanz zeigte für alle deutlich erkennbar einen fatalen Knick. Offenbar war der Schaden des Zusammenpralls doch heftiger als vermutet.

«Geknickter Woorscht!» Xeniaja gluckste lustig in ihren zarten Körper.

«Oh ja! Mir wird sein Lispeln fehlen», gestand Chinchinchen.

«Naja, auf den Rest des Oberprofessors könnte ich jedoch glatt verzichten», kicherte Freedel.

«Ssind Ssie ssicher, Assistenzarzt Freedel?», äffte Chinchinchen den Oberprofessor nach.

Die drei prusteten in ihre Pfoten.

«Ssicher bin ich ssicher!», lachte Freedel. «Wass meinen Ssie, sschöne Asssistenzärztin Chinkindchen, wollen wir heute Abend gemeinsam auf Woorschts neuen Knick und die verlorenen Ss anstossen?»

Endlich, endlich war sie draussen, die entscheidende Frage, die Freedel schon so lange auf der Doktorseele brannte.

«Ssicher, da bin ich ssicher», lachte Chinchinchen. Und doppelte in normalem Ton nach: «Sehr gerne, Freedel, ich würde mich freuen.»

«Hey, ihr zwei!», rief es da aus Biggis roten Lippen. «Es gibt Neuzugänge in den Behandlungsräumen 7 und 11. Brauchen unsere Assistenten wieder einmal eine Extra-Einladung, oder was?»

Sketch mich!

www.wortfeger.ch/sketch-mich

Inhalt

Tanja Alexa Holzer

Die buchverrückte Schweizerin ist Autorin, Texterin, Korrektorin, Buchproduzentin und Online-Unternehmerin. Seit 2008 arbeitet sie unter dem Namen Wortfeger.

www.wortfeger.ch
www.facebook.com/wortfeger
www.instagram.com/wortfeger.ch
LinkedIn

wortfeger.ch